EL PTERODÁCTILO

por Harold T. Rober

EDICIONES LERNER ◆ MINNEAPOLIS

Nota para los educadores:

En todo este libro, usted encontrará preguntas de reflexión crítica. Estas pueden usarse para involucrar a los jóvenes lectores a pensar de forma crítica sobre un tema y a usar el texto y las fotos para ello.

ediciones Lerner
Una división de Lerner Publishing Group, Inc.
241 First Avenue North
Mineápolis, MN 55401, EE. UU.

Si desea averiguar acerca de niveles de lectura y para obtener más información, favor consultar este título en www.lernerbooks.com

Library of Congress Cataloging-in-Publication Data

Names: Rober, Harold T.
Title: El pterodáctilo / por Harold T. Rober.
Other titles: Pterodactyl. Spanish
Description: Minneapolis : Ediciones Lerner, [2018] | Series: Bumba books en español. Dinosaurios y bestias prehistâoricas |
   In Spanish. | Audience: Age 4-7. | Audience: K to grade 3. | Includes bibliographical references and index.
Identifiers: LCCN 2016049148 (print) | LCCN 2016049859 (ebook) | ISBN 9781512441147 (lb : alk. paper) | ISBN
   9781512453706 (pb : alk. paper) | ISBN 9781512449624 (eb pdf)
Subjects: LCSH: Pterodactyls--Juvenile literature. | Dinosaurs—Juvenile literature.
Classification: LCC QE862.P7 R622518 2018 (print) | LCC QE862.P7 (ebook) | DDC 567.918--dc23

LC record available at https://lccn.loc.gov/2016049148

Fabricado en los Estados Unidos de América
1 — CG — 7/15/17

LERNER
e
SOURCE

Expand learning beyond the printed book. Download free, complementary educational resources for this book from our website, www.lerneresource.com.

Tabla de contenido

El pterodáctilo volador

El pterodáctilo fue un reptil volador.

Vivió hace millones de años.

Está extinto.

El pterodáctilo no fue

un dinosaurio.

Pero vivió durante la misma

época que los dinosaurios.

¿Conoces los nombres de los dinosaurios?

El pterodáctilo era del tamaño

de una gallina.

La gente ha encontrado fósiles

de reptiles voladores.

Los fósiles nos muestran qué tan

grande era un animal.

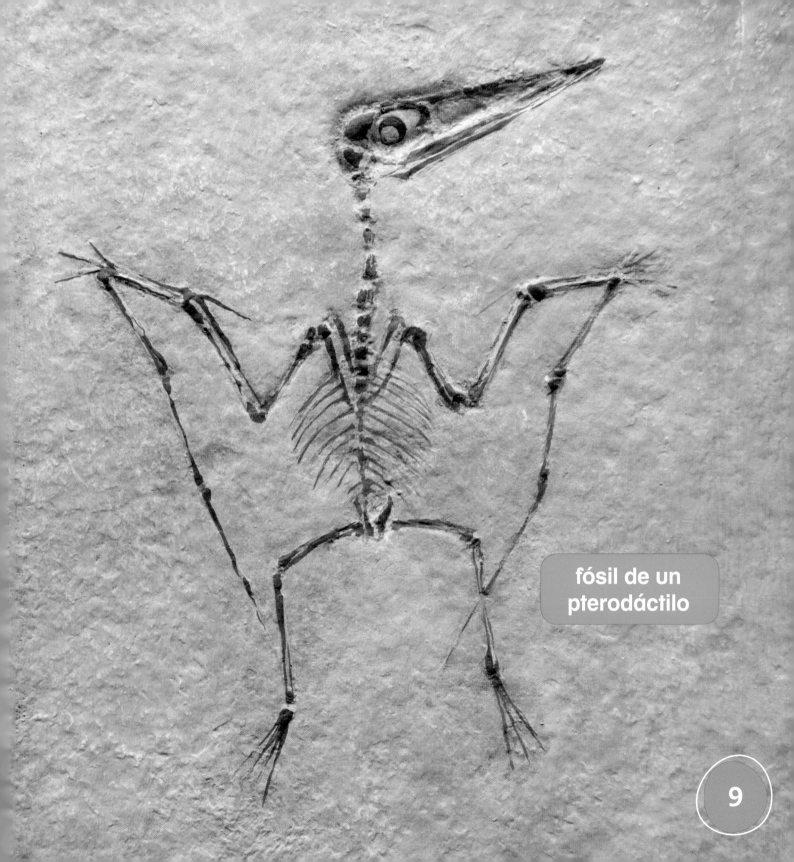

fósil de un pterodáctilo

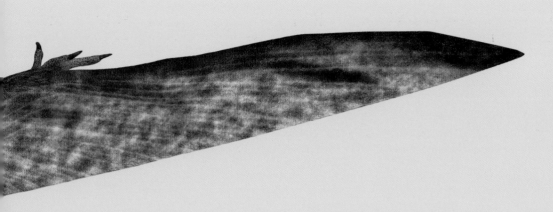

Los reptiles voladores tenían alas.

Sus alas estaban hechas de piel.

Esta piel se extendía desde sus brazos

hasta sus patas.

Los reptiles voladores tenían

picos largos.

Ellos sacaban a peces del agua

con sus picos.

También comían otros

animales pequeños.

13

Muchos reptiles voladores

tenían crestas sobre

sus cabezas.

Algunas crestas

eran grandes.

Otras eran pequeñas.

¿Por qué piensas que los reptiles voladores tenían crestas en sus cabezas?

A veces estos animales caminaban

sobre la tierra.

Caminaban sobre sus cuatro patas.

Los reptiles voladores

hacían nidos.

Ponían sus huevos

en los nidos.

La mayoría de los reptiles

voladores vivían en grupos.

A estos grupos se

les llamaba manadas.

¿Conoces algún
otro animal que
viva en manada?

Partes de un pterodáctilo

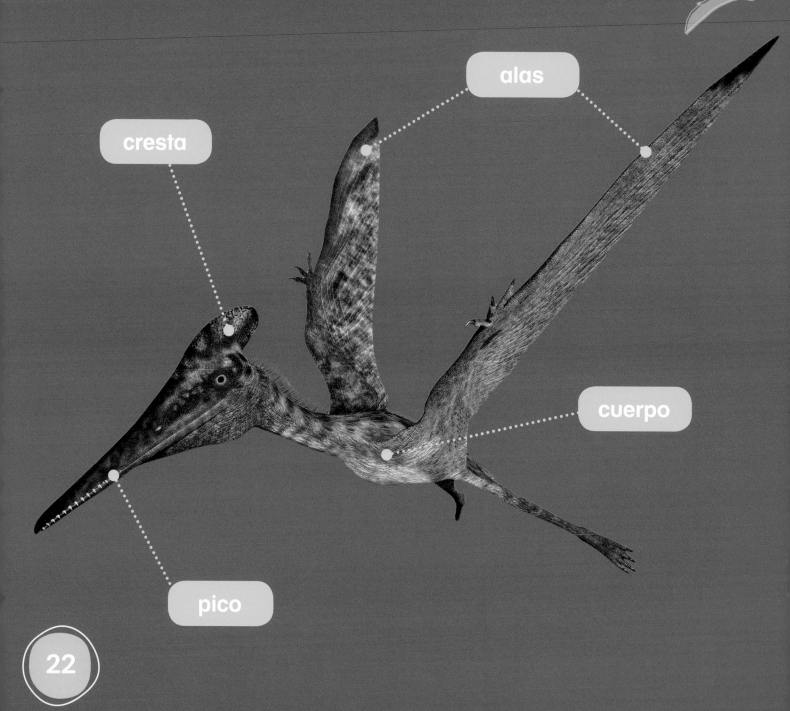

alas

cresta

cuerpo

pico

Glosario de las fotografías

crestas

formas duras que están sobre la cabeza

extinto

que ya no vive

fósiles

huesos u otras partes de un animal que vivió hace mucho tiempo y que se han transformado en roca

picos

bocas duras que sobresalen

23

Leer más

Alpert, Barbara. *Pterodactyl.* Mankato, MN: Amicus High Interest, 2014.

Legendre, Philippe. *I Can Draw!: Dinosaurs, Dragons, and Prehistoric Creatures.* Irvine, CA: Walter Foster Publishing, 2015.

Rober, Harold T. *Triceratops.* Minneapolis: Lerner Publications, 2017.

Índice

Crédito fotográfico

Las fotografías en este libro se han usado con la autorización de: © Michael Rosskothen/Shutterstock.com, pp. 5, 16, 22, 23 (esquina inferior derecha); © Catmando/Shutterstock.com, pp. 6–7, 10–11; © MarcelC/iStock.com, pp. 9, 23 (esquina inferior izquierda); © Valentyna Chukhlyebova/Shutterstock.com, pp. 12–13, 23 (esquina superior derecha); © Elenarts/iStock.com, pp. 14–15, 23 (esquina superior izquierda); © Piotr Wawrzyniuk/Shutterstock.com, pp. 18–19; © CoreyFord/iStock.com, p. 20.

Portada: © Michael Rosskothen/Shutterstock.com.